Werner Trutwin (Hg.)

Wege des Glaubens

Arbeitsheft 7. Schuljahr

von Christoph Menn-Hilger

Vorname und Name:

____

Klasse:

____

Schule:

____

Patmos

Inhalt

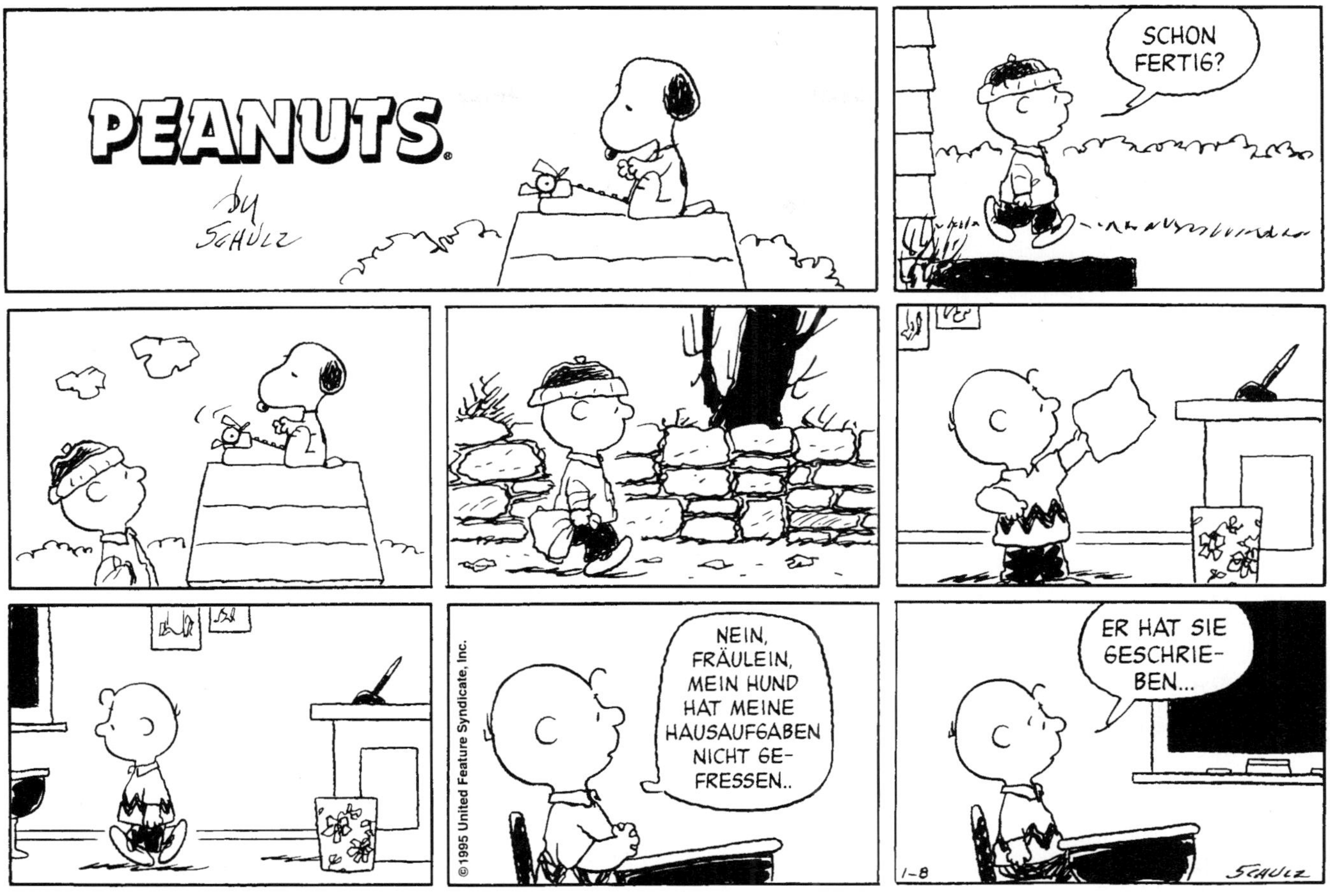

Liebe Schülerinnen und Schüler, hier noch ein Tipp:

Euer Arbeitsheft verfügt auch über eine **Lösungsseite**. Hier könnt ihr die richtigen Ergebnisse vieler Aufgaben nachschlagen. Damit die Bearbeitung des Heftes euch aber bis zum Ende viel Spaß bereitet, bitte immer **erst die Aufgaben lösen und dann kontrollieren**. Danke!

Wir wünschen euch viel Freude mit diesem Arbeitsheft.
Eure

Lebenswege

Denke über **deinen persönlichen Lebensweg** nach mit seinen Höhen und Tiefen, mit den schon erreichten, aber auch verpassten Zielen, mit deinen Wünschen für die Zukunft.

1 Überlege, was auf deinem Lebensweg schon alles geschehen ist. Wähle 6 Stationen deines Lebensweges aus, die dir wichtig sind und trage sie mit Erläuterungen in die 6 Schreibfelder zwischen Geburt und heute ein. Sortiere die Stationen dabei zeitlich und schreibe dein jeweiliges Lebensalter in die Kreise auf den Weg.

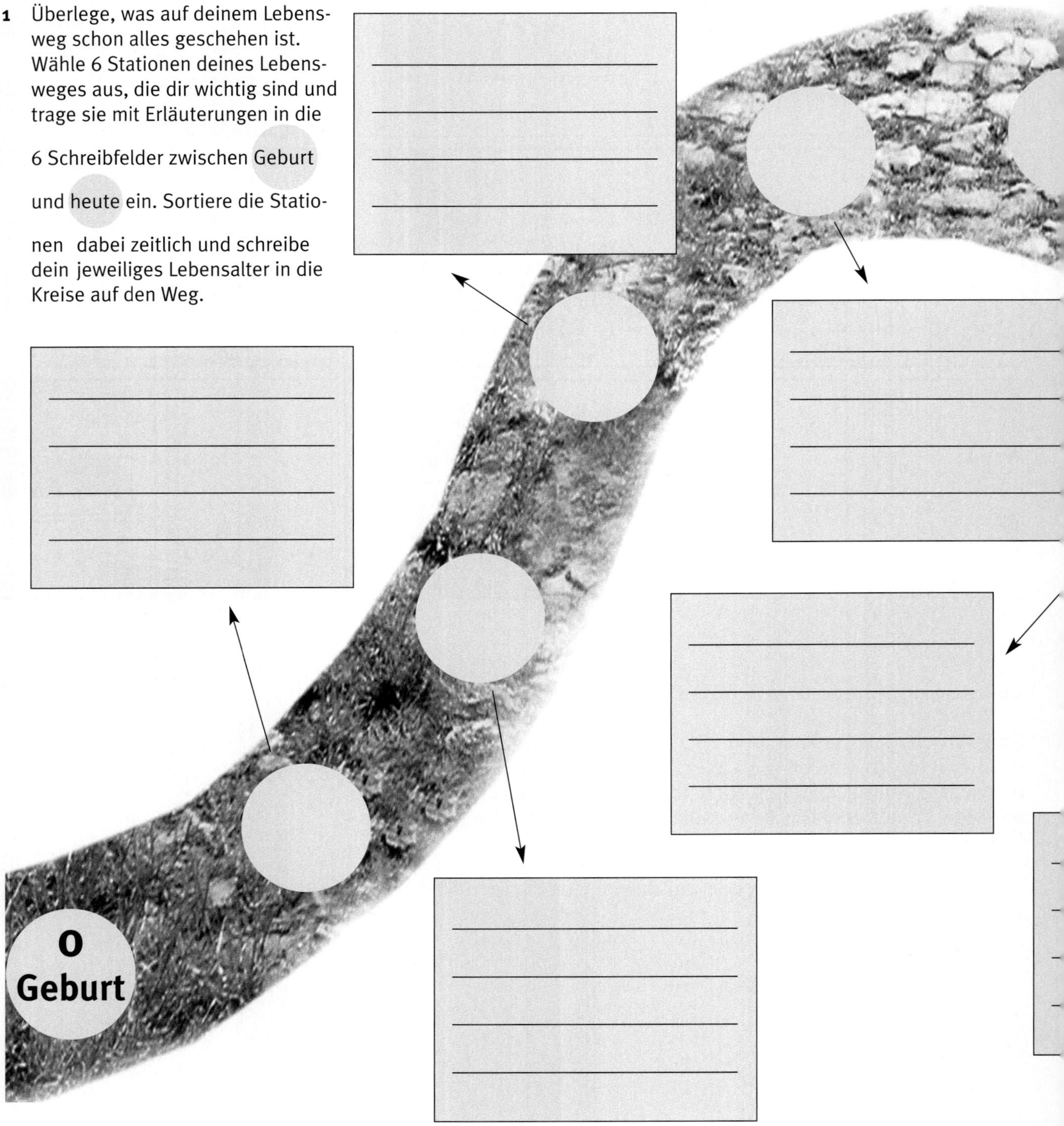

2 Wo stehst du heute auf deinem Lebensweg? Fülle auch dieses Erläuterungsfeld aus.

3 Trage vier persönliche Lebenswünsche/-ziele für deine kommenden Lebensjahre ein. Notiere auch dein mögliches Lebensalter.

4 Gestalte deinen Lebensweg farbig.

5 Stelle deinen Lebensweg deiner Nachbarin / deinem Nachbarn vor. Sprecht über Gemeinsamkeiten und Unterschiede. Kreuzen sich eure Lebenswege? Welche Menschen sind auf euren Wegen wichtig? Überlegt zum Schluss, welche Stationen ihr aus eigener Kraft erreicht habt. An welchen Stationen fühlt ihr euch beschenkt? Wie könnte das bei euren zukünftigen Lebensstationen aussehen? Macht euch zu euren Gedanken Notizen.

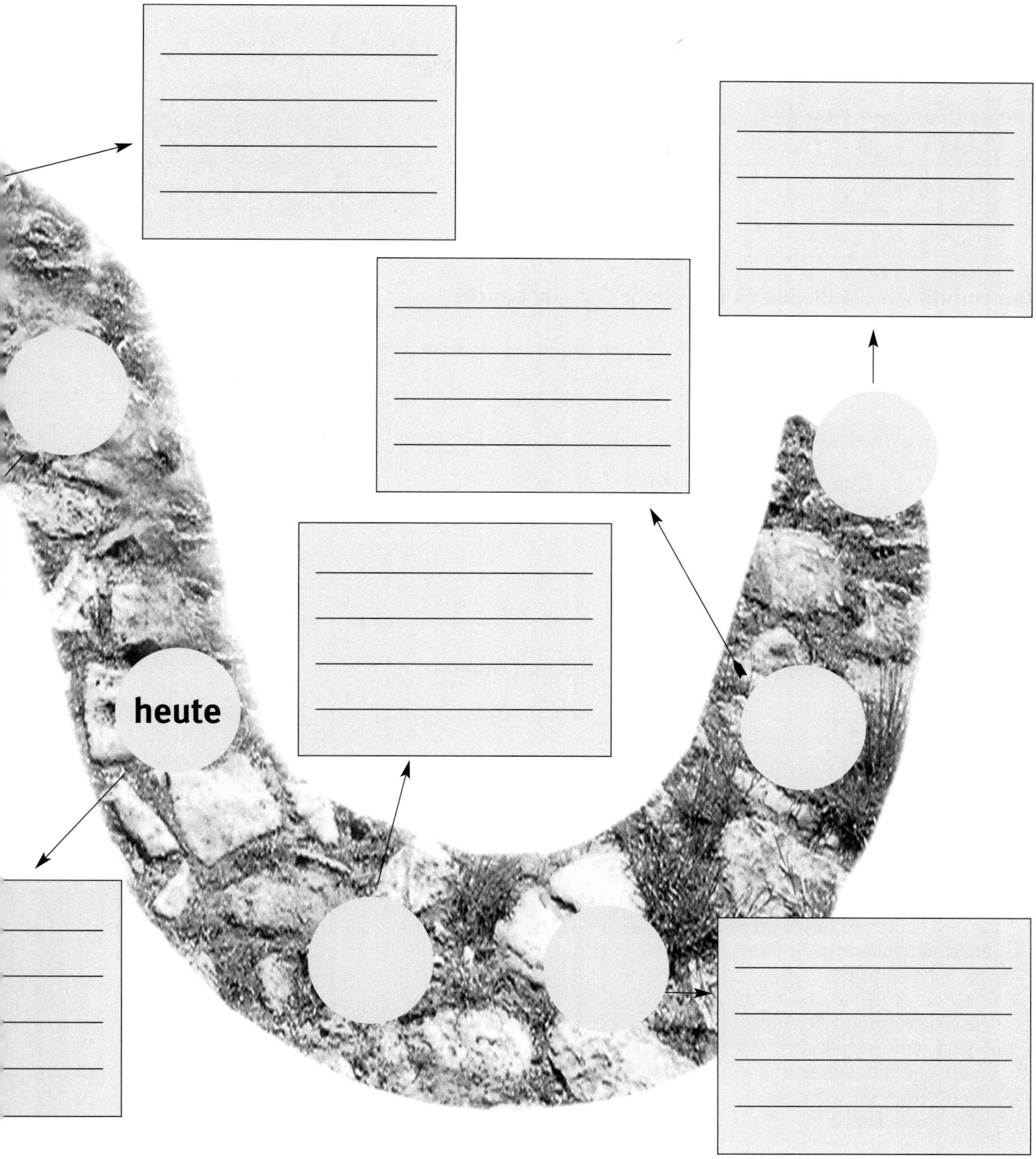
heute

Mit Glauben und mit Zweifeln leben

1 Erläutere die vier Aussagen aus dem Lehrtext (→ WdG S. 8) mit eigenen Worten:

Nichts in unserer Welt geht ohne Glauben.

Der christliche Glaube hat es in unserer Zeit <u>nicht</u> leicht.

Der christliche Glaube hat es in unserer Zeit leicht.

Viele Menschen schwanken zwischen Zweifel und Glaube.

2 Die Meinungen über den Glauben sind in unserer Welt vielfältig und gehen weit auseinander. Im Buch findest du **10 Aussagen von Schülerinnen und Schülern** über den Glauben.
Wähle diejenige aus, die dir am meisten zusagt und diejenige, die du gar nicht teilst.
Fasse sie jeweils thesenartig in einer Überschrift zusammen, erläutere sie mit eigenen Worten und begründe schließlich deine Auswahl.

3 Wähle eine der beiden „Glaubensgeschichten“ aus und stelle sie in Form einer Bildergeschichte dar. Zeichne dazu 5-7 Rahmen der Größe 7cm x 7cm in dein Heft.

4 Schreibe eine eigene – wirklich erlebte oder frei erfundene – „Glaubensgeschichte“ auf.

Eine Glaubensgeschichte

Glauben – was ist das?

1 In der **deutschen Sprache** wird das Wort **„glauben"** in ganz verschiedenem Sinn benutzt. Nenne drei verschiedene Wortbedeutungen und erläutere sie jeweils mit Hilfe eines selbstgefundenen Beispiels bzw. mit einer kleinen Geschichte (→ WdG S. 13).

1) „glauben": ______________________

____

____

____

____

2) „glauben": ______________________

____

____

____

____

8

3) „glauben": ______________________

____

____

____

____

2 Welche Wortbedeutung trifft am meisten für den christlichen Glauben zu?

____

____

3 Notiere deine Gedanken über die biblische Geschichte „Jesus und Thomas", wenn du

- über das Verhalten des Thomas nachdenkst,

____

____

____

____

____

- über die Reaktion Jesu nachdenkst,

____

____

____

____

____

- über den Schlusssatz nachdenkst.

____

____

____

____

____

Eine wichtige Glaubensgeschichte in der Bibel ist die **Begegnung zwischen Thomas** (einem der zwölf Jünger) **und dem auferstandenen Christus.**

Ein Bild zu dieser biblischen Szene von dem Maler Rembrandt findest du im Buch (→ WdG S. 12)

JESUS UND THOMAS

24 Thomas, genannt Didymus (Zwilling), einer der Zwölf, war nicht bei ihnen, als Jesus kam. 25 Die anderen Jünger sagten zu ihm: „Wir haben den Herrn gesehen." Er entgegnete ihnen: „Wenn ich nicht die Male der Nägel an seinen Händen sehe und wenn ich meinen Finger nicht in die Male der Nägel und meine Hand nicht in seine Seite lege, glaube ich nicht." 26 Acht Tage darauf waren seine Jünger wieder versammelt, und Thomas war dabei. Die Türen waren verschlossen. Da kam Jesus, trat in ihre Mitte und sagte: „Friede sei mit euch!" 27 Dann sagte er zu Thomas: „Streck deinen Finger aus - hier sind meine Hände! Streck deine Hand aus und leg sie in meine Seite, und sei nicht ungläubig, sondern gläubig!"
28 Thomas antwortete ihm: „Mein Herr und mein Gott!" 29 Jesus sagte zu ihm: „Weil du mich gesehen hast, glaubst du. Selig sind, die nicht sehen und doch glauben."

aus dem Evangelium nach Johannes 20,24-29

Was ist Theologie?

Was ist Philosophie?

1 Welche Merkmale hat die „Theologie“, welche die „Philosophie“? Worauf stützen sich „Theologen“, worauf „Philosophen“? Liste in der Tabelle auf.

Theologie	Philosophie

2 Versuche in einem Merksatz den Unterschied zwischen Theologie und Philosophie zu formulieren.

3 Wie steht das Christentum zur Philosophie?

4 Eine Klasse 8b hat eine Nachricht auf einer Tafel für euch hinterlassen (→ WdG S. 20 oben).

a) Was sind „Informationen“? Nenne Beispiele.

b) Was ist „Erkenntnis“? Nenne Beispiele.

c) Was will der Spruch aussagen?

d) Möchtest du auch eine Botschaft zum Thema dieses Kapitels aufschreiben?

Im Glauben verbunden sein

Für den christlichen Glauben sind **zwei Texte von herausragender Bedeutung.** Sie werden traditionell in jedem evangelischen Gottesdienst und jeder katholischen Messfeier gesprochen: Zum einen das **„Vaterunser",** zum anderen das **„Apostolische Glaubensbekenntnis"** (→ WdG S. 18), kurz „Credo" (lat.: „Ich glaube") genannt. Das Credo geht auf die Frühzeit der Kirche zurück; es ist seit **Anfang des 5. Jh. nC** in seiner jetzigen Form schriftlich belegt.

1 Das **Credo** lässt sich in **drei Abschnitte** aufteilen. Versuche sie zu finden. Trage dazu das entsprechende Thema und die dazugehörigen Verse ein.

Abschnitt	Thema	Verse
I		
II		
III		

2 Was sagt das Credo über Jesus aus? Fasse tabellarisch zusammen.

- __________
- __________
- __________
- __________
- __________

3 Was fehlt, wenn du an das Leben Jesu denkst, wie es in der Bibel erzählt wird? Hast du dafür eine Erklärung?

4 Unterstreiche im nebenstehenden Credo-Text die Verse grün, mit denen du übereinstimmst, rot, die, mit denen du nicht übereinstimmst und blau, die du nicht verstehst.

5 Begründe bei jedem der 12 Sätze deine Farbwahl(en). Schreibe deine Erläuterungen dazu in den entsprechenden Kasten.

6 Erstellt in der Klasse eine Statistik. Wie häufig wurde von euch Vers (1) mehrheitlich grün, rot bzw. blau unterstrichen. Wie häufig Vers (2) usw. Sammelt die Ergebnisse in einer Tabelle an der Tafel. Sprecht auch über eure Begründungen und versucht bei den mehrheitlich blau unterstrichenen Sätzen eigene Übertragungen zu finden.

	grün	rot	blau
1	12	2	0
2	9	4	1
3			

Credo – Das Apostolische Glaubensbekenntnis

1 Ich glaube an Gott, den Vater, den Allmächtigen, den Schöpfer des Himmels und der Erde.

2 Und an Jesus Christus, seinen eingeborenen Sohn, unsern Herrn,

3 empfangen durch den Heiligen Geist, geboren von der Jungfrau Maria,

4 gelitten unter Pontius Pilatus, gekreuzigt, gestorben und begraben,

5 hinabgestiegen in das Reich des Todes, am dritten Tage auferstanden von den Toten,

6 aufgefahren in den Himmel; er sitzt zur Rechten Gottes, des allmächtigen Vaters;

7 von dort wird er kommen, zu richten die Lebenden und die Toten.

8 Ich glaube an den Heiligen Geist,

9 die heilige katholische Kirche, Gemeinschaft der Heiligen,

10 Vergebung der Sünden,

11 Auferstehung der Toten

12 und das ewige Leben.

Amen.

1 ______________________

2 ______________________

3 ______________________

4 ______________________

5 ______________________

6 ______________________

7 ______________________

8 ______________________

9 ______________________

10 ______________________

11 ______________________

12 ______________________

„Die Jugend von heute“

– und überhaupt ...
Sicherlich kennst auch du Aussagen, wie sie im Lehrtext„ Widersprüchliche Meinungen“ (→ WdG S. 22) zusammengestellt sind.

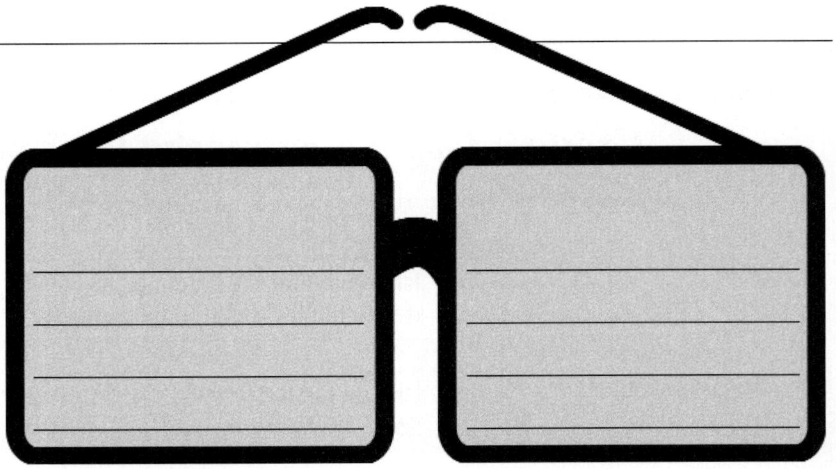

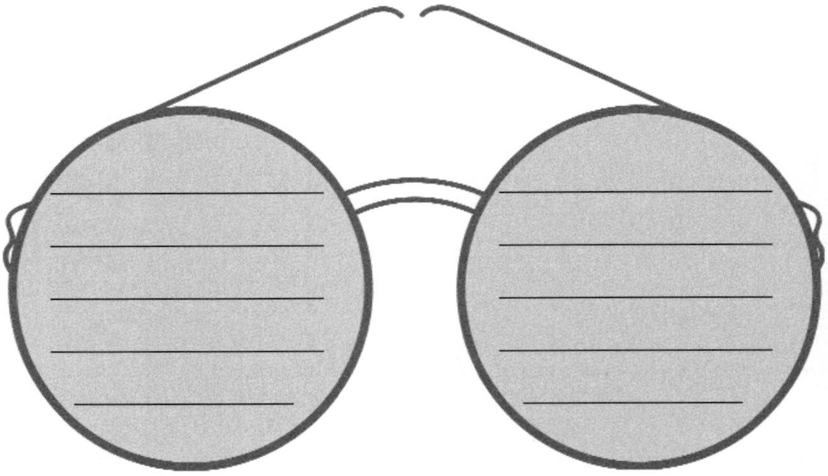

1 Was sagen Ältere zu dir und deinem Verhalten? In welchen Punkten wirst du von deinen Eltern, Großeltern, Verwandten, Nachbarn, ... kritisiert, in welchen Punkten wirst du gelobt?
Liste auf, indem du Kritik in die „dunkle Brille“ und Lob in die „rosarote Brille“ einträgst.

2 Was weißt du über die Kindheit deiner Eltern? Vergleiche sie mit deiner eigenen Kindheit.

3 Nenne wichtige Merkmale / Eigenschaften, die für dich zum Kindsein bzw. Erwachsensein gehören.

- „Kindsein“:

- „Erwachsensein“:

4 **Kein Kind mehr – noch nicht erwachsen**
Versuche Antworten auf die Kapitelüberschrift zu geben.

- Warum bist du kein Kind mehr?

- Warum bist du noch nicht erwachsen?

1 **(a)** In der **„Jugend“,** dem Lebensabschnitt zwischen Kindheit und Erwachsensein, wird vieles anders. Trage zu den vier Bereichen Körper, Psyche/Emotionen, Soziales, Recht aus dem Buch Beispiele für Veränderungen und Entwicklungen in die Tabelle ein.
(b) Ergänze die Tabelle durch eigene Beispiele.

Was alles anders wird

körperlich	psychisch/emotional	sozial	rechtlich	

(c) Welche Änderungen sind dir wichtig / unwichtig und welche bemerkst du selber an dir / fallen eher anderen Menschen an dir auf? Schreibe das Zutreffende entsprechend abgekürzt (z.B.: „wi“ für „wichtig“) hinter die Beispiele in die Tabelle ((*w i*)). Tauscht euch zum Schluss mit eurer Nachbarin / eurem Nachbarn über die Eintragungen und persönlichen Beurteilungen aus.

2 **(a)** Die Schülerin Anja spricht in ihrem Gedicht zum Thema „Wut“ (→ WdG S. 25) drei Gegensätze an.

VERBOTE ←→ EIGENEN WILLEN
STREIT ←→ EIGENE MEINUNG
VERHÖHNEN ←→ EIGENE ART

Finde eigene Gegensatzpaare und schreibe mit deren Hilfe ein Gedicht in dein Heft, das deine persönlichen negativen Lebensgefühle zum Ausdruck bringt.

(b) Die Jugend ist in vielen Punkten aber auch ein schönes Lebensgefühl – oder? Stelle Seiten dieses Gefühls dar: in einem Bild, einem Gedicht, einer Erzählung, ... wie du magst.

Selbstbestimmung und Fremdbestimmung

In ihrem neuen Wertesystem, das Jugendliche in der Pubertät entwickeln, kommt der **eigenen Freiheit** eine besondere Bedeutung zu. Mädchen und Jungen wollen mehr und mehr selber bestimmen und sich nicht von anderen sagen lassen, was sie zu tun haben. Diese Entwicklung geschieht aber nicht von heute auf morgen, sondern ist ein **langer Prozess**.

1 Beobachte diesen langen Prozess der Entwicklung hin zu mehr Freiheit in deinem eigenen Lebenslauf. In der Tabelle sind dazu verschiedene Fragestellungen vorgegeben. Trage ein,

- wie du dich vor fünf Jahren zu den entsprechenden Fragen verhalten hast,
- wie du dich heute zu den Fragestellungen verhältst,
- wie du vermutest, dass du dich in fünf Jahren zu den Fragen verhalten wirst.

2 Überlege dir selber fünf weitere Fragestellungen und schreibe sie in die freien Felder. Trage auch deine Antworten ein.

3 Freiheit ist nicht grenzenlos, sondern wird vor allem durch drei Faktoren eingeschränkt (→ WdG S. 26). Gib diese drei Einschränkungen der Freiheit mit eigenen Worten wieder, indem du den Satz jeweils vollendest und finde eigene Beispiele.

	M
Fragestellung	**vor fünf Jahren**
Um wie viel Uhr muss ich ins Bett gehen?	
Wie viel Taschengeld erhalte ich im Monat?	
Bis wann darf ich abends bei Freundinnen/Freunden bleiben?	
Was darf ich mir von meinem eigenen Geld kaufen?	
Wie viel Stunden darf ich täglich telefonieren/fernsehen/Computer spielen?	

Unsere Freiheit wird eingeschränkt durch ...

- ______

Beispiele ______

- ______

Beispiele ______

- ______

Beispiele ______

N VERHALTEN

heute	in fünf Jahren

Heilige Zeichen

Sicher kennst du aus dem alltäglichen Sprachgebrauch die Redewendung

„Das ist mir heilig!“

Menschen bringen damit zum Ausdruck, dass ihnen etwas sehr wichtig ist, auf das sie nicht verzichten möchten. So ist dem einen sein Mountainbike „heilig“, einer anderen ihr Handballtraining zweimal in der Woche und einer dritten vielleicht eine gute Freundschaft, die sie um nichts in der Welt aufs Spiel setzen würde.

1 Was ist dir persönlich „heilig“? Finde **eigene Beispiele:** „... ist mir heilig!“

„ ______________________________ ist mir heilig!“ ______________________

„ ______________________________ ist mir heilig!“ ______________________

„ ______________________________ ist mir heilig!“ ______________________

„ ______________________________ ist mir heilig!“ ______________________

„ ______________________________ ist mir heilig!“ ______________________

2 Überlege, wodurch das Wort „heilig“ in deinen Beispielen geeignet ersetzt werden könnte.
Trage das Wort jeweils hinter deinen Beispielen ein. Du kannst auch eigene, neue Ersetzungen finden.

3 Wenn „heilig“ – wie es im Lehrtext heißt – zuallererst „eine unbeschreibliche Qualität meint, die einzig **Gott** zukommt“ (→ WdG S. 34), stellt sich die Frage:
In welchen Beispielen möchtest du „heilig“ stehen lassen, weil dir dies so unbeschreiblich wertvoll ist, dass es nicht von Menschen „gemacht“ werden kann?
Gibt es hierfür Beispiele in deinem Leben? Versuche deine Beispiele auch zu erklären / zu begründen.

„ ______________________________ ist mir heilig!“ ______________________

„ ______________________________ ist mir heilig!“ ______________________

„ ______________________________ ist mir heilig!“ ______________________

„ ______________________________ ist mir heilig!“ ______________________

„ ______________________________ ist mir heilig!“ ______________________

Was ist Glück? In einem sind sich alle einig: Alle wollen glücklich sein oder werden. Aber was ist Glück?

Es hat Buchstaben und ...

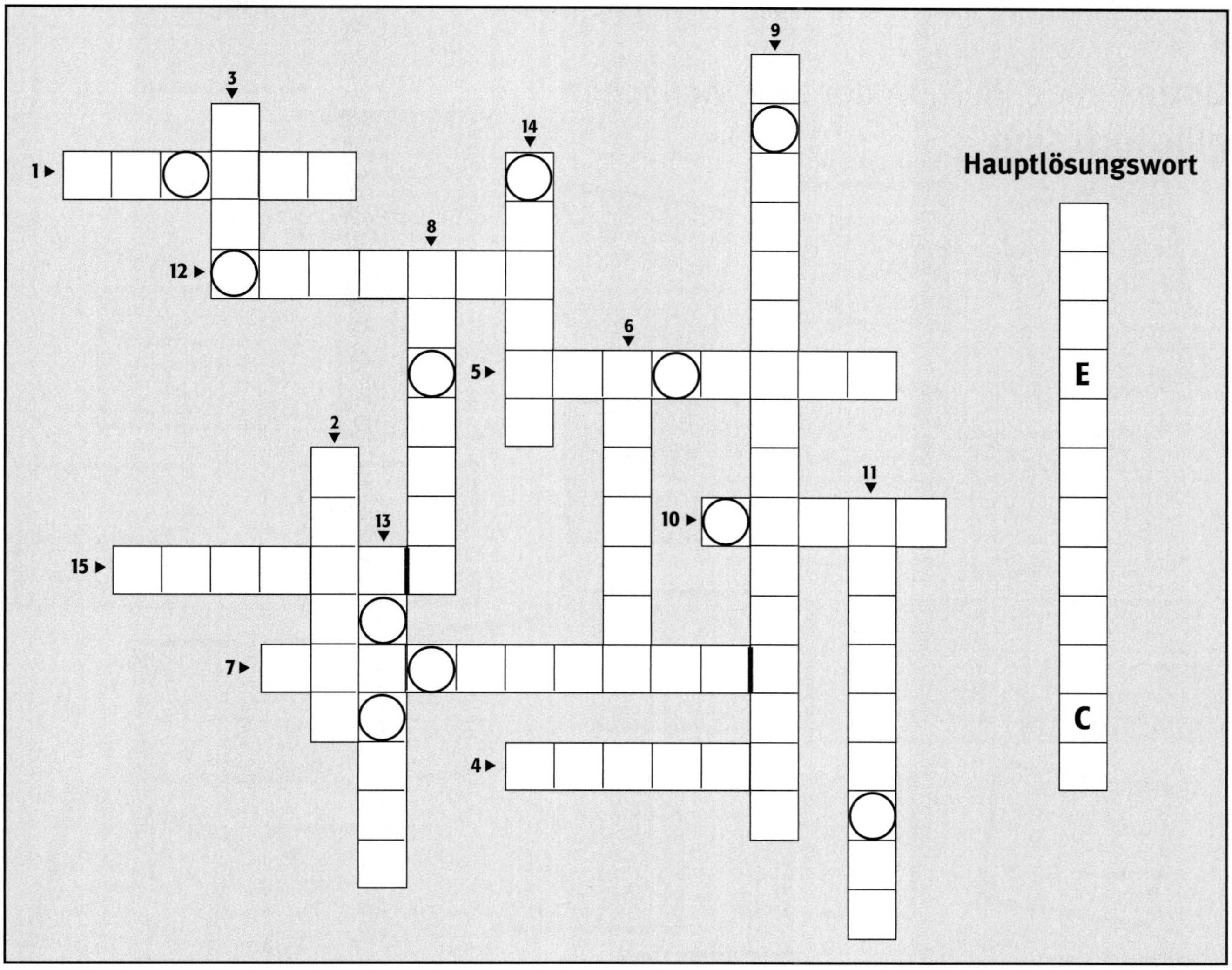

1) Ihr Genuss macht glücklich, weil diese Obstart den Glücksstoff Serotonin enthält.

2) Jeder amerikanische Bürger hat ein Recht darauf; so steht es zumindest in der Verfassung der USA.

3) In einem bekannten Märchen sagt dieser junge Mann zum Schluss: „Ich bin der glücklichste Mensch unter der Sonne!“

4) Nach einem Sprichwort heißt es über dieses Tier: „ ... am Morgen bringt, Kummer und Sorgen“.

5) Ein Glückssymbol aus Metall.

6) Glück, Unglück oder Schicksal – die lateinische Sprache kennt für alles Drei nur ein Wort.

7) Auch der Verzehr dieser Süßigkeit soll glücklich machen.

8) Eine bekannte Redewendung behauptet: „Jeder ist seines Glückes ...“

9) Ein Glückssymbol in Menschengestalt.

10) Der deutsche Autor Hermann Hesse (1877–1962) schrieb einmal: „Glück ist ..., nichts anderes.“

11) „Glück auf!“, so sagt diese Berufsgruppe.

12) Ein Sprichwort sagt: „Das Glück liegt auf der ...“

13) Ein „tierisches“ Symbol für das Glück.

14) Von welchem bekannten deutschen Dichter stammt dieses Gedicht? Er lebte von 1749–1832.

> Glücklich, wenn die Tage fließen,
> wechselnd zwischen Freud und Leid,
> zwischen Schaffen und Genießen,
> zwischen Welt und Einsamkeit.

15) Ein chinesischer Glücksbringer und angeblich das ideale Geschenk für Verliebte.

1 Löse das Kreuzworträtsel. Trage das Hauptlösungswort in den Kasten ein.

2 Formuliere eine eigene Antwort auf die Frage „Was ist Glück?“ Schreibe deine persönliche Sicht in dein Heft. Begründe auch deine Antwort.

Auf der Suche nach dem Glück (II)

Nicht nur Dichter und Philosophen aller Zeiten haben über das Glück nachgedacht (→ WdG S. 37), sondern auch die **Bibel redet von Glück und Glücklichsein**.
Sie spricht in vielen Bildern vom **Reich Gottes**, von **Gottes neuer Welt, in der alle Menschen *glücklich* sein werden**. Hier findest du einige Beispiele.

Die Friedensstifter können glücklich sein, sie werden Kinder Gottes heißen. (Mt 5,9)

Gottes neue Welt, in der alle Menschen glücklich sind

Du sättigst mein Leben mit Gutem. (Ps 104,28)

Du verzeihst mir meine Fehler. (Ps 103,3)

Aus Schwertern machen sie Pflüge, sie lernen den Pflug zu führen, nicht das Schwert. (Jes 2,4)

Wölfe leben bei den Lämmern. (Jes 11,6)

Du bist Sonne und wärmst uns. (Ps 84,12)

Du hast meine Klage verwandelt in Tanzen. (Ps 30,12)

Du kennst mich bei meinem Namen. (Ps 91,14)

Die ein gutes Herz haben, können glücklich sein, sie werden Gott schauen.

Die Hungernden können glücklich sein, sie werden satt. (Mt 5,6)

Das Kind spielt am Loch der Schlange. (Jes 11,8)

Du machst mich satt und glücklich wie bei einem Festmahl. (Ps 63,6)

Es wird nicht mehr dunkel sein über denen, die in Angst sind. (Jes 8,23)

18

Die Weinenden können glücklich sein, sie werden getröstet. (Mt 5,4)

Du machst mich satt und glücklich wie bei einem Festmahl. (Ps 63,6)

Bei den Menschen wird Gott jetzt wohnen. (Off 21,3)

Du tröstest mich in Angst. (Ps 4,2)

Wer mit hundert Jahren stirbt, gilt noch als Kind. (Jes 65,20)

Du machst die Gefangenen frei und die Blinden sehend. (Ps 146,7)

Es gibt keine Kinder mehr, die nur wenige Tage leben. (Jes 65,20)

Gott wird alle Tränen abwischen. (Jes 25,8)

Ich bin glücklich, dass du so gut zu mir bist. (Ps 31,8)

Wie glücklich sind alle, die für die Hilflosen sorgen. (Ps 41,2)

Ganz ruhig kann ich mich schlafen legen, weil du mich beschützt, bis ich morgens erwache. (Ps 3,6)

Du richtest mich auf. (Ps 3,4)

Dann werden wir sein wie die Träumenden. (Ps 126,1)

Siehe, ich werde alles neu machen. (Offb 21,5)

Mit dir kann ich Hindernisse überwinden. Mit dir springe ich über Mauern. (Ps 18,30)

Am Abend mag man wohl weinen, doch morgens kommt wieder die Freude. (Ps 30,6)

Noch bevor sie reden, höre ich schon. (Jes 65,24)

1 Wie spricht die Bibel vom Glück? Wer kann sich aus biblischer Sicht „glücklich" nennen?

2 Lies noch einmal die Bibelverse. Welche Bilder sprechen dich an, welche eher nicht. Such dir einen Vers aus, schreibe ihn in die Mitte eines **DIN-A3-Blattes** und notiere um den Vers herum, wie du dir diese neue Welt vor stellst. Beginne deine Sätze dabei immer mit „DANN...“

3 Gestaltet die Blätter zu Plakaten, hängt sie im Klassenraum auf und befragt euch untereinander dazu.

4 Was muss sich **in unserer Welt** ändern, damit sie zu einer Welt wird, in der alle Menschen glücklich sind. Trage weitere Beispiele in die Tabelle ein. Überlege auch, welchen Beitrag **du** zu einer besseren Welt leisten kannst – und willst?

Zu einer Welt, in der alle Menschen glücklich sind ...	**... kann ich beitragen**
Für mehr Gerechtigkeit sorgen	keine Waren kaufen, die durch Kinderarbeit hergesteelt wurden
Für mehr Frieden sorgen	

Gute Nachricht

Teste dein Wissen. Zur Vorbereitung auf das Thema „Das Evangelium – Ein Programm fürs Leben" beantworte folgende 10 Fragen. Kreuze dazu die entsprechenden Buchstaben an. Es ist immer nur eine Antwort richtig.

1. Das griechische Wort „Evangelium" heißt übersetzt

- a) Protest ❑
- b) Liebesgeschichte ❑
- c) Gute Nachricht ❑
- d) Evangelius (Name des Autors) ❑

2. So viele Evangelien stehen in der Bibel

- a) 2 ❑
- b) 3 ❑
- c) 4 ❑
- d) 12 ❑

3. Die Evangelien sind in der Bibel zu finden

- a) im AT ❑
- b) im NT ❑
- c) im AT und NT ❑
- d) in einem dritten Teil ❑

4. Ein Name eines biblischen Evangeliums lautet

- a) Evangelium nach Petrus ❑
- b) Evangelium nach Lothar ❑
- c) Evangelium nach Matthäus ❑
- d) Evangelium nach Simeon ❑

5. Ein Evangelium, das existiert, aber nicht in der Bibel steht, heißt

- a) Markus-Evangelium ❑
- b) Titus-Evangelium ❑
- c) Lukas-Evangelium ❑
- d) Thomas-Evangelium ❑

6. Zu der Zeit wurde etwa das erste Evangelium verfasst

- a) 10 Jahre nach dem Tod Jesu ❑
- b) 20 Jahre nach dem Tod Jesu ❑
- c) 30 Jahre nach dem Tod Jesu ❑
- d) 40 Jahre nach dem Tod Jesu ❑

7. Alle Evangelien zusammen umfassen etwa

- a) 3750 Verse ❑
- b) 4750 Verse ❑
- c) 5750 Verse ❑
- d) 6750 Verse ❑

8. Die einzelnen Evangelisten haben von den Schriften ihrer Vorgänger

- a) alles übernommen ❑
- b)manches übernommen ❑
- c) nichts übernommen ❑
- d) keine Ahnung gehabt ❑

9. Das Kapitel findest du nicht in den Evangelien

- a) die Heilung der Schwiegermutter des Petrus ❑
- b) die Frage nach dem Fasten ❑
- c) Das Gleichnis vom Gärtner ❑
- d) die Entdeckung des leeren Grabes ❑

10. Dieser Satz steht in den Evangelien: „Ihr könnt nicht beiden dienen,

- a) „Gott und dem Kaiser." ❑
- b) „Gott und dem Mammon." ❑
- c) „Gott und dem Nächsten." ❑
- d) „Gott und dem Teufel." ❑

Die **vier Evangelien** im Neuen Testament gehören mit zu den wichtigsten Schriften der Christenheit. Sie erzählen vom Leben und Wirken Jesu, von seinem Sterben und schließlich seiner Auferstehung. Viele seiner Worte sind hier aufgeschrieben und zeichnen ein **deutliches Bild seiner guten Botschaft**. Den **Prozess ihrer Entstehung** zu kennen heißt, ein besseres Verständnis für die Evangelien zu bekommen. Die Evangelisten waren allesamt **keine Zeit- oder Augenzeugen** und wollten (und konnten) deshalb in erster Hinsicht **keine Biografie** über Jesus für die Nachwelt schreiben. Vielmehr verstanden sie sich als Glaubenszeugen, die den Glauben an Jesus Christus wecken wollten.

Zeichne einen Comic, der bei der Geburt Jesu beginnt und mit der Fertigstellung der Evangelien endet. Die Abfolge soll „ohne Worte" wichtige Lebensabschnitte Jesu und Phasen der Entstehung der Evangelien veranschaulichen. Beachte auch die ungefähren Zeitangaben.

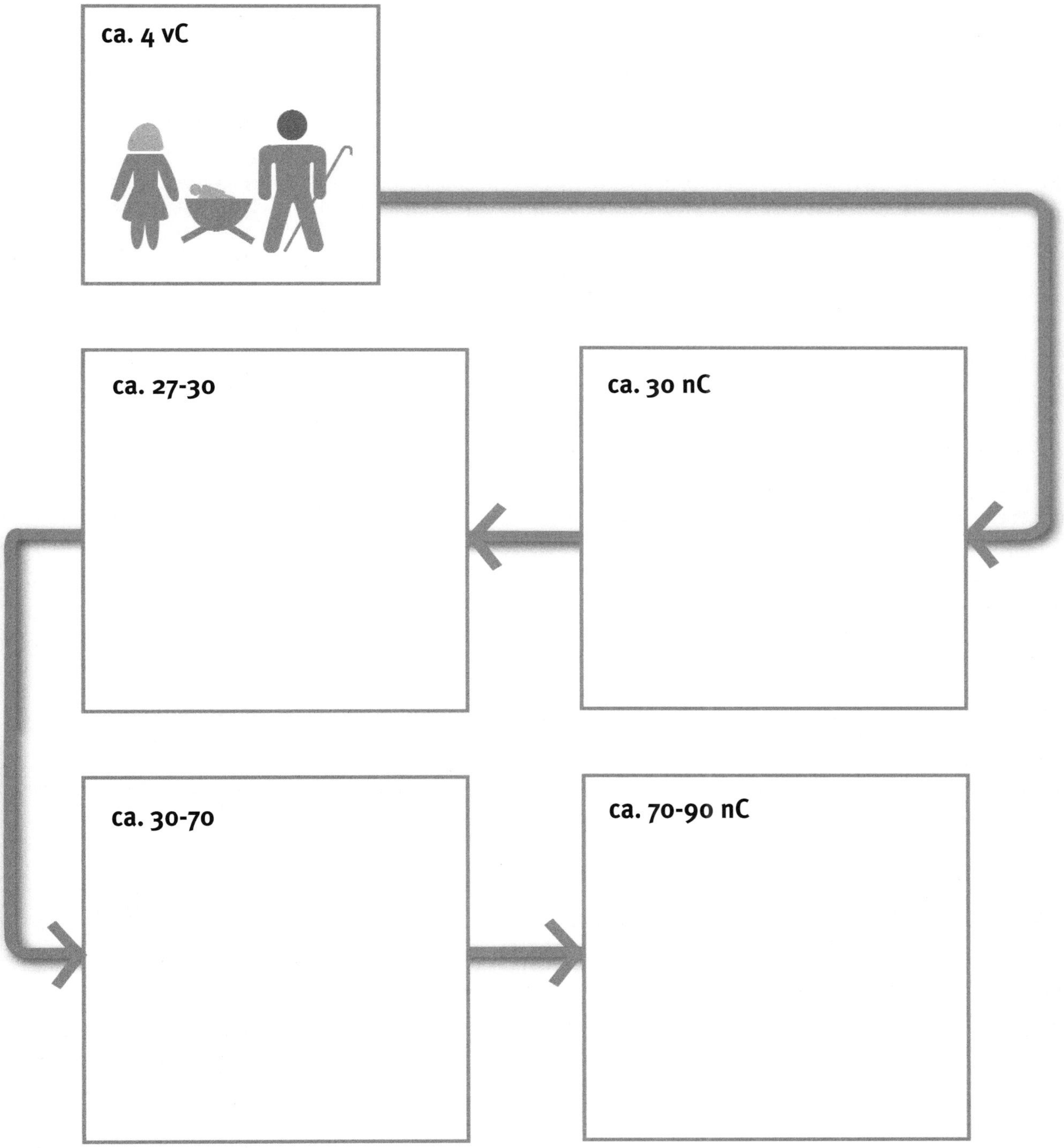

Voneinander abgeschrieben?

1 Beantworte zunächst folgende vier Verständnisfragen.

(a) Wer sind die „Synoptiker“ und was ist eine „Synopse“?

____

____

____

____

(b) Wie lässt sich die „Zweiquellentheorie“ am einfachsten veranschaulichen?

(c) Woher hat die Theorie ihren Namen?

____

____

____

____

____

____

____

____

____

____

(d) Welche Beobachtungen ziehen zwangsläufig nach sich, dass die Wissenschaftler bis heute von einer **„Zweiquellen**theorie“ ausgehen müssen und nicht von einer **„Ein-“** oder **„Dreiquellen**theorie“ reden können? (Tipp: Untersuche genau die Farben der Grafik → WdG S. 61)

2 Versuche dich als Wissenschaftlerin/Wissenschaftler und untersuche die Quellenlage am Beispiel der Erzählung von dem Sturm auf der See, wie sie in den ersten drei Evangelien im Neuen Testament berichtet wird.

- Lies dazu zunächst alle Textspalten und unterstreiche dann in verschiedenen Farben:
- die Übereinstimmungen zwischen allen drei Textspalten (in rosa oder rot)
- die Übereinstimmungen zwischen der 2. und 3. Textspalte, die in der 1. Spalte fehlen (in blau)
- die Besonderheiten / Eigenheiten, die nur in der 1. Spalte zu finden sind (in orange oder gelb)
- die Besonderheiten / Eigenheiten, die nur in der 2. Spalte zu finden sind (grün)
- die Besonderheiten / Eigenheiten, die nur in der 3. Spalte stehen (in violett oder schwarz)

3 Werte deine Untersuchung aus: Notiere deine Beobachtungen und Schlussfolgerungen in Stichworten.

- ______________________________
- ______________________________
- ______________________________
- ______________________________
- ______________________________
- ______________________________

4 Zum Schluss eine **Expertenfrage.** Wenn du auf den Beginn der Erzählung schaust – welche Gründe könnten Matthäus bewogen haben, die Geschichte anders einzuleiten?

____

____

____

____

____

____

____

____

____

Mk 4, 35-41	Mt 8, 18.23-27	Lk 8, 22-25
35 Am Abend dieses Tages sagte er zu ihnen: „Wir wollen ans andere Ufer hinüberfahren." **36** Sie schickten die Leute fort und fuhren mit ihm in dem Boot, in dem er saß, weg; einige andere Boote begleiteten ihn.	**18** Als Jesus die vielen Menschen sah, die um ihn waren, befahl er, ans andere Ufer zu fahren. **23** Er stieg in das Boot, und seine Jünger folgten ihm.	**22** Eines Tages stieg er mit seinen Jüngern in ein Boot und sagte zu ihnen: „Wir wollen ans andere Ufer des Sees hinüberfahren." Und sie fuhren ab.
37 Plötzlich erhob sich ein heftiger Wirbelsturm, und die Wellen schlugen in das Boot, sodass es sich mit Wasser zu füllen begann.	**24** Plötzlich brach auf dem See ein gewaltiger Sturm los, sodass das Boot von den Wellen überflutet wurde. Jesus aber schlief.	**23** Während der Fahrt aber schlief er ein. Plötzlich brach über dem See ein Wirbelsturm los; das Wasser schlug in das Boot und sie gerieten in große Gefahr.
38 Er aber lag hinten im Boot auf einem Kissen und schlief. Sie weckten ihn und riefen: „Meister, kümmert es dich nicht, dass wir zugrunde gehen?"	**25** Da traten die Jünger zu ihm und weckten ihn; sie riefen: „Herr, rette uns, wir gehen zugrunde!"	**24** Da traten sie zu ihm und weckten ihn; sie riefen: „Meister, Meister, wir gehen zugrunde!"
39 Da stand er auf, drohte dem Wind und sagte zu dem See: „Schweig, sei still!" Und der Wind legte sich und es trat völlige Stille ein.	**26** Er sagte zu ihnen: „Warum habt ihr solche Angst, ihr Kleingläubigen?" Dann stand er auf, drohte den Winden und dem See und es trat völlige Stille ein.	Er stand auf, drohte dem Wind und den Wellen, und sie legten sich und es trat Stille ein.
40 Er sagte zu ihnen: „Warum habt ihr solche Angst? Habt ihr noch keinen Glauben?"		**25** Dann sagte er zu den Jüngern: „Wo ist euer Glaube?"
41 Da ergriff sie große Furcht und sie sagten zueinander: „Was ist das für ein Mensch, dass ihm sogar der Wind und der See gehorchen?"	**27** Die Leute aber staunten und sagten: „Was ist das für ein Mensch, dass ihm sogar die Winde und der See gehorchen?"	Sie aber fragten einander voll Schrecken und Staunen: „Was ist das für ein Mensch, dass sogar die Winde und das Wasser seinem Befehl gehorchen?"

Einsichten oder Ansichten?

1 Es gibt **unzählige Darstellungen von Jesus.** In dem Abschnitt „Einsichten oder Ansichten?“ (→ WdG S. 78-79)findest du 11 Bilder und Fotos, die je auf ihre Weise Jesus zum Thema haben.

- Wie wird Jesus in den einzelnen Bildern dargestellt? (→ **Beschreibung** der Jesusdarstellung)
- Was sagen die Darstellungen über Jesus aus? (→ **Eigenschaften** und Merkmale Jesu)
- Passen die Eigenschaften zu deinem persönlichen Bild von Jesus? (→ **Beurteilung** mit Begründung)

Fülle die Tabelle aus. Notiere dazu Stichworte.

	Beschreibung	Eigenschaften	Beurteilung
Guter Hirte			
Grabtuch von Turin			
Christus, Pantokrator			
Ecce homo			
Christus zerbricht das Gewehr			
Ein lächender Jesus			
Sklavenkönig			
Jesus Christus Superstar			
Christuskopf			
Galiläischer Fischer			
Jüdischer Rabbi			

Die frühesten Darstellungen Jesu zeigen ihn als **bartlosen Jüngling**, meist in Form eines **guten Hirten** (→ WdG S. 79: „Guter Hirte"). Dies belegen vor allem alte Malereien in Katakomben.

Katakomben sind unterirdische Begräbnisstätten, in denen vor allem Christen ihre Toten bestatteten.

Entsprechend der politischen Entwicklungen im 4. Jh. nC, in deren Folge das Christentum nach Zeiten der Verfolgung zur Staatsreligion wurde, stellte man Christus später als strengen und majestätischen Richter und Herrscher dar (→ WdG S. 78: „Christus, Pantokrator").

2 Wie wird **in der Bibel** von Gott bzw. Jesus als dem „Hirten" geredet? Untersuche die Texte.

Der Herr ist mein Hirte, nichts wird mir fehlen. Er lässt mich lagern auf grünen Auen und führt mich zum Ruheplatz am Wasser. Er stillt mein Verlangen; er leitet mich auf rechten Pfaden, treu seinem Namen. Muss ich auch wandern in finsterer Schlucht, ich fürchte kein Unheil; denn du bist bei mir, dein Stock und dein Stab geben mir Zuversicht. Du deckst mir den Tisch vor den Augen meiner Feinde. Du salbst mein Haupt mit Öl, du füllst mir reichlich den Becher. Lauter Güte und Huld werden mir folgen mein Leben lang, und im Haus des Herrn darf ich wohnen für lange Zeit.

Psalm 23

Wenn Jesus Christus kommt, um das Weltgericht zu halten, dann wird er sich auf den Thron seiner Herrlichkeit setzen. Und alle Menschen werden vor ihm zusammengerufen werden, und er wird sie voneinander scheiden, wie der Hirt die Schafe von den Böcken scheidet.

nach dem Evangelium nach Matthäus 25,31-32

Ich bin der gute Hirt. Der gute Hirt gibt sein Leben hin für die Schafe. Der bezahlte Tagelöhner aber, der nicht Hirt ist und dem die Schafe nicht gehören, lässt die Schafe im Stich und flieht, wenn er den Wolf kommen sieht; und der Wolf reißt sie und jagt sie auseinander. Er flieht, weil er nur ein bezahlter Knecht ist und ihm an den Schafen nichts liegt. Ich bin der gute Hirt; ich kenne die Meinen, und die Meinen kennen mich, wie mich der Vater kennt und ich den Vater kenne; und ich gebe mein Leben hin für die Schafe. Ich habe noch andere Schafe, die nicht aus diesem Stall sind; auch sie muss ich führen, und sie werden auf meine Stimme hören; dann wird es nur eine Herde geben und einen Hirten.

aus dem Evangelium nach Johannes 10,11-16

3 Liste **Gründe** auf, die verständlich machen, warum die ersten Christen Jesus als guten Hirten dargestellt haben.

Angaben zur Person (I)

Mit diesem **Quiz** kannst du dein **Wissen über Jesus testen.**
Welche Antwort ist richtig? Kreuze an!

1. In welchem Buch der Bibel kommt Jesus vor?

- a) Das Buch Genesis (Das erste Buch Mose) ❑
- b) Das Buch Hiob ❑
- c) Der Brief des Apostel Paulus an die Römer ❑

2. Was bedeutet der Name „Jesus" wörtlich übersetzt?

- a) Gott hilft ❑
- b) Sohn Gottes ❑
- c) Knecht Gottes ❑

3. Wer waren die Eltern Jesu?

- a) Martha und Josef ❑
- b) Maria und Jacob
- c) Maria und Josef ❑

4. In welchem Buch der Bibel steht die Geschichte von der Geburt Jesu?

- a) Die Apostelgeschichte ❑
- b) Das Evangelium nach Lukas ❑
- c) Die Offenbarung des Johannes ❑

5. An welchem Tag feiern die Christen die Geburt Jesu?

- a) 1. Advent ❑
- b) Heiligabend ❑
- c) Dreikönigstag ❑

6. Wann wurde Jesus geboren?

- a) ca. 4 vC ❑
- b) im Jahr 0 ❑
- c) ca. 3 nC ❑

7. Wer taufte Jesus?

- a) sein Vater ❑
- b) Johannes ❑
- c) Petrus ❑

8. Welcher Religion gehörte Jesus an?

- a) Judentum ❑
- b) Christentum ❑
- c) ohne Religionszugehörigkeit ❑

9. Welcher König/Kaiser gilt als ein Vorfahre Jesu?

- a) Herodes ❑
- b) Augustus ❑
- c) David ❑

10. In welchem Dorf wuchs Jesus auf?

- a) Betlehem ❑
- b) Nazaret ❑
- c) Kana ❑

11. Welches Gebet hat Jesus gelehrt?

a) Ave Maria ❑ | b) Credo (Glaubensbekenntnis) ❑ | c) Vaterunser ❑

12. In welchem Buch kommt Jesus vor?

a) Herr der Ringe ❑ | b) Der Koran ❑ | c) Das Grundgesetz der BRD ❑

13. In welchem Land lebte Jesus?

a) Ägypten ❑ | b) Syrien ❑ | c) Palästina ❑

14. Welche Regeln waren Jesus besonders wichtig?

a) Zehn Gebote ❑ | b) Antike Tischsitten ❑ | c) Rechtschreibregeln ❑

15. Welcher Ausspruch stammt von Jesus?

a) „Auge um Auge, Zahn um Zahn" ❑ | b) „Glaubst du schon oder suchst du noch?" ❑ | c) „Wer nicht gegen uns ist, ist für uns." ❑

16. Welche Predigt/Rede stammt (der Überlieferung nach) von Jesus?

a) Talrede ❑ | b) Bergpredigt ❑ | c) Jerusalemer Rede ❑

17. In welcher Stadt hielt Jesus mit seinen Jüngern das „letzte Abendmahl"?

a) Emmaus ❑ | b) Qumran ❑ | c) Jerusalem ❑

18. Wer verurteilte Jesus zum Tode?

a) Pontius Pilatus ❑ | b) Hohepriester Kajaphas | c) Kaiser Augustus ❑

19. Wo starb Jesus?

a) am See Gennesaret ❑ | b) auf dem Ölberg ❑ | c) auf dem Berg Golgota ❑

20. An welchem Tag feiern die Christen die Auferstehung Jesu?

a) Ostersonntag ❑ | b) Gründonnerstag ❑ | c) Christi Himmelfahrt ❑

Angaben zur Person (II)

Die wichtigsten Schriften über Jesus sind die **vier Evangelien im Neuen Testament**. Was wissen diese Texte aber von Jesus zu berichten?

1 Fülle den Steckbrief über Jesus aus. Schlage dazu in einer Bibel die entsprechenden Stellen nach.

Biblischer Steckbrief

Name: *JESUS*

Titel: ______________________ (Mt 1,16)

Eltern: ______________________ (Mt 1,18)

Geschwister: ______________________ (Mk 6,3)

Geboren in: ______________________ (Mt 2,1)

Jüdischer Brauch bei Babys: ______________________ (Lk 2,21)

Aufgewachsen in: ______________________ (Lk 4,16)

Erlernter Beruf: ______________________ (Mk 6,3)

Wichtiges Ereignis: ______________________ (Mk 1,9)

Beginn des Wirkens: ______________________ (Mk 1,14-15)

Tätigkeiten: ______________________ (Mt 4,23-25; 9,35)

Anhänger: ______________________ (Mk 3,13-19; Lk 8,1-3)

Verhaftet durch: ______________________ (Mk 14,43-44)

Verurteilt von: ______________________ (Mk 15,15)

Gründe für die Verurteilung: ______________________ (Mk 15,26)

Todesart: ______________________ (Mk 15,24.37)

Ort des Todes: ______________________ (Mk 15,22)

Wochentag des Todes: ______________________ (Mk 15,34)

Zeitpunkt des Todes: ______________________ (Mk 15,42)

Beerdigt am: ______________________ (Mk 15,42)

Beerdigt in: ______________________ (Mt 27,26)

Ereignisse nach seinem Tod: ______________________ (Mk 16,1-8)

2 Welche Angaben hältst du für gesichert, welche nicht? Begründe deine Entscheidungen.

____

____

____

____

____

Unsere Sprache ist **voller Bilder**. Dabei gebrauchen wir häufig Bilder, um etwas Positives auszudrücken. So zum Beispiel, wenn jemand ein „helles Köpfen" hat, wie ein „Fußballgott" spielt, „Bärenkräfte" entwickeln kann oder einfach „der Größte" ist. Mit Bildern lässt sich aber ebenso in übler Weise über Menschen reden, wenn etwa jemand „einen Vogel" oder „nicht mehr alle Tassen im Schrank" hat. Wir sprechen auf ganz verschiedene Art und Weise in Bildern. Folgende kommen besonders häufig vor.

Sprechen in Bildern

1. Bildworte

a) **Vergleich** (erkennbar an dem „wie" in der Mitte der Aussage): „Die Maiers haben Geld wie Sand am Meer!"
b) **Metapher** (bildhafte Übertragung bei der das Bild unmittelbar ohne „wie" benutzt wird): „Opa Karl-Heinz ist das Haupt der Familie."
c) **Redensart**: „Da hatte ich aber ein Brett vor dem Kopf."
d) **Sprichwort**: „Jeder ist seines Glückes Schmied."
e) Ein **Gleichnis** ist ein ausführlicherer Vergleich, der etwas, das vielleicht nicht direkt zu sehen ist, anschaulich machen möchte: „Unser Leben ist wie eine brennende Kerze. Sie brennt immerfort. Eines Tages erlischt ihre Flamme plötzlich unerwartet durch einen Windstoß oder sie wird immer kleiner und geht ganz allmählich aus."

2. Beispielgeschichten

Eine Beispielgeschichte erzählt ein einzelnes Geschehen, das sich auf viele andere Begebenheiten übertragen lässt. Wichtig für das richtige Verständnis einer Beispielgeschichte ist ihr „springender Punkt".

1 Erläutere die Beispiele auf diesem Blatt mit eigenen Worten.

- zu 1a): ____________________
- zu 1b): ____________________
- zu 1c): ____________________
- zu 1d): ____________________
- zu 1e): ____________________

2 Finde je ein eigenes Beispiel für einen Vergleich, eine Metapher, eine Redensart und ein Sprichwort.

- zu 1a): ____________________
- zu 1b): ____________________
- zu 1c): ____________________
- zu 1d): ____________________

3 Alle Arten von bildhafter Rede haben einen ähnlichen Aufbau: sie beinhalten jeweils ein Bild (Sand am Meer, brennende Kerze, ...) einen Zielpunkt (Maiers, unser Leben, ...) und einen Vergleichspunkt (unzählbar viel, erlischt unerwartet oder allmählich, ...). Vervollständige die Tabelle, indem du das Bild, den Zielpunkt und den Vergleichspunkt der fünf Beispiele (siehe oben) sowie deiner eigenen vier Bildworte (→ **2**) nennst.

Grundzüge des Programms (Das Prinzip Liebe)

Beispiel	Bild	Zielpunkt	Vergleich
1a) „Die Maiers…	Sand am Meer	Vermögen der Maiers	unzählbar viel
1b)			
1c)			
1d)			
1e)			
(2) zu 1a)			
(2) zu 1b)			
(2) zu 1c)			
(2) zu 1d)			

Gleichnisse und Beispielgeschichten sind die bevorzugte Redeweise Jesu. Eine Erzählung aus dem Evangelium nach Lukas:

Das Beispiel vom barmherzigen Samariter

Ein Gesetzeslehrer fragte Jesus: **„Und wer ist mein Nächster?“** Darauf antwortete ihm Jesus mit folgender Geschichte:

„Ein Mann ging von Jerusalem nach Jericho hinab und wurde von Räubern überfallen. Sie plünderten ihn aus und schlugen ihn nieder; dann gingen sie weg und ließen ihn halbtot liegen. Zufällig kam ein Priester denselben Weg herab; er sah ihn und ging weiter. Auch ein Levit[1] kam zu der Stelle; er sah ihn und ging weiter. Dann kam ein Mann aus Samarien[2], der auf der Reise war. Als er ihn sah, hatte er Mitleid, ging zu ihm hin, goss Öl und Wein auf seine Wunden und verband sie. Dann hob er ihn auf sein Reittier, brachte ihn zu einer Herberge und sorgte für ihn. Am andern Morgen holte er zwei Denare[3] hervor, gab sie dem Wirt und sagte: Sorge für ihn, und wenn du mehr für ihn brauchst, werde ich es dir bezahlen, wenn ich wiederkomme.

Was meinst du: Wer von diesen dreien hat sich als der Nächste dessen erwiesen, der von den Räubern überfallen wurde?“

Der Gesetzeslehrer antwortete: „Der, der barmherzig an ihm gehandelt hat.“ Da sagte Jesus zu ihm: „Dann geh und handle genauso!“

nach dem Evangelium nach Lukas 10,29-37

[1]ein Helfer der Priester

[2]wenig angesehenes Gebiet in Israel, dessen Bewohner als ungläubig galten

[3]Silbermünzen; dabei galt *ein* Silberstück zur Zeit des Neuen Testaments als *üblicher Tageslohn* für einen Lohnarbeiter

4 Betrachte das Bild des niederländischen Malers Vincent van Gogh zum Bibeltext (→ WdG S. 87). Was beobachtest du,

- wenn du nur die Personen, ihre Körperhaltungen und Gesichtsausdrücke anschaust?

____

____

- wenn du nur die Formen und Farben betrachtest?

____

____

- wenn du auf Details achtest?

____

____

Wie hat Vincent van Gogh den Bibeltext „in Szene gesetzt“?

____

____

____

5 *Wer ist mein Nächster?* **Aktualisiere das berühmte Beispiel vom barmherzigen Samariter.** *Versuche dazu die biblische Vorlage in Sprache und Inhalt dem heutigen Verständnis anzupassen, so dass die Erzählung in einer* **„BIBEL von HEUTE“** *Platz finden könnte. Vielleicht lässt du die Geschichte an einer wahren Begebenheit aus deinem Leben anknüpfen? Schreibe in dein Heft.*

BIBEL von HEUTE

Wer ist mein Nächster?
Ein Gleichnis von HEUTE

„Das Gleichnis vom gütigen Vater" im Evangelium nach Lukas (→ WdG S. 88 und 187) zeigt eindrücklich die Menschenfreundlichkeit und Güte Gottes auf. Die Geschichte – bekannter unter dem Titel **„Das Gleichnis vom verlorenen Sohn"** (siehe die Bilder dazu → WdG S. 89) – erzählt von einem Vater (= Gott), der zwei Söhne (= Menschen) hat.

1 Lies das Gleichnis vom gütigen Vater (→ WdG S. 88), schneide die 8 Bilder aus und lege sie zusammen mit deiner Nachbarin / deinem Nachbarn in die richtige Reihenfolge. Beachte dabei, dass das Gleichnis in der Bibel noch weitergeht.

(Tipp: Die Fortsetzung der Geschichte findest du auf der Lösungsseite.)

2 Fertige in deinem Heft eine große Tabelle an (siehe Muster) und klebe die Bilder untereinander in der richtigen Reihenfolge als Bildergeschichte in die erste Spalte.

Bildergeschichte	Vater	jüngerer Sohn	älterer Sohn

3 Die Bilder stellen wichtige Szenen aus der Geschichte dar. Überlege mit deiner Nachbarin / deinem Nachbarn, wie sich die Personen auf den Bildern fühlen. Notiert Stichworte in die entsprechenden Felder. Füllt das Kästchen auch dann aus, wenn die betreffende Person nicht auf dem Bild zu sehen ist – wie fühlt sie sich vielleicht gerade in diesem Moment?

4 Überlege nun und beantworte möglichst in einem Satz:

a) Worin besteht die Freude des Vaters?

____

____

____

b) Worin besteht die Freude des jüngeren Sohnes?

____

____

____

c) Was muss der ältere Sohn verstehen, damit er sich mitfreuen kann?

____

____

____

Vergleiche deine Antwortsätze mit denen auf der Lösungsseite.

5 Die Bibel lässt offen, wie die Geschichte endet. Was denkst du – geht der ältere Sohn hinein und feiert mit? Wie wird er sich seinem jüngeren Bruder gegenüber verhalten? Was wird er vielleicht sagen? Schreibe das Gleichnis vom gütigen Vater zu Ende.

____

____

____

____

Im Kapitel „Mehr als ein halbes Jahrtausend“ findest du **vier wichtige Stationen** der Geschichte zwischen 1000–1700 nC:

(1) Kaisertum und Papsttum → WdG S. 118-121
(2) Der Bruch zwischen West und Ost → WdG S. 122-124
(3) Die Kreuzzüge → WdG S. 128-130
(4) Hexenglaube und Inquisition → WdG S. 139-142

1 Entwirf zu einer der Stationen ein Brettspiel. Schneide dazu die folgende Seite und die einzelnen Fragekarten aus. Entscheide dich für ein Thema ((1)-(4)), lies (nochmals) die entsprechenden Passagen im Buch und überlege dir 12 sinnvolle Fragen zum Text. Notiere die Fragen im entsprechenden Feld auf der Vorderseite der Spielkarte. Gib nun darunter drei Antworten an (a)-c)), von denen nur eine richtig ist. Trage zum Schluss auf der Rückseite der Spielkarte den Lösungsbuchstaben ein.

2 Gestalte das Spielfeld (→ S. 37, indem du als Überschrift dein gewähltes Thema aufschreibst und zu den 12 Fragefeldern – jeweils thematisch passend zu deinen Karten – erläuternde Bilder, Skizzen, Icons, Symbole o. Ä. hinzufügst.

3 Führe selber einen Testlauf durch und überprüfe dabei die Richtigkeit deiner Karten.

4 Tausche nun mit deiner Nachbarin / deinem Nachbarn das Spielfeld und spielt – auch bei Themengleichheit – gegeneinander (→ Spielregeln beachten!).

5 Spiele gegen weitere Mitschülerinnen / Mitschüler, unabhängig davon, welche Themen sie umgesetzt haben.

Spielregeln

1 Beide Spieler setzen jeweils ihren Spielstein auf das Startfeld des anderen Spielfeldes.

2 Werft ein Münze („Kopf oder Zahl?“), um zu entscheiden, wer anfangen darf.

3 Der Gewinner zieht zum Feld „Frage 1“ vor und bekommt von seinem Mitspieler die entsprechende Frage sowie die Antwortmöglichkeiten vorgelesen.

a) Beantwortet er die Frage richtig, so darf er ein Feld weiterziehen. Nun ist sein Mitspieler an der Reihe und zieht zum Feld „Frage 1“.

b) Ist die Antwort falsch, so muss er stehen bleiben und hat in der nächsten Runde die Gelegenheit, die gleiche Frage richtig zu beantworten. Nun ist sein Mitspieler an der Reihe und zieht zum Feld „Frage 1“.

4 Gewonnen hat, wer als erster das Ziel erreicht.

Frage 1

?

a)
b)
c)

Frage 2

?

a)
b)
c)

Frage 3

?

a)
b)
c)

Frage 4

?

a)
b)
c)

Frage 5

?

a)
b)
c)

Frage 6

?

a)
b)
c)

Frage 7

?

a)
b)
c)

Frage 8

?

a)
b)
c)

Frage 9

?

a)
b)
c)

Frage 10

?

a)
b)
c)

Frage 11

?

a)
b)
c)

Frage 12

?

a)
b)
c)

LÖSUNG

LÖSUNG

LÖSUNG

LÖSUNG

LÖSUNG

LÖSUNG

LÖSUNG

LÖSUNG

LÖSUNG

LÖSUNG

LÖSUNG

LÖSUNG

Spielfeld

Franz von Assisi. Die neue Liebe zur Armut

Franz von Assisi (1182–1226) hat sich in der **Nachfolge Jesu** für **Liebe, Frieden und Gewaltlosigkeit** eingesetzt. Sein Engagement und seine konsequente Lebensführung ermutigen und begeistern bis heute Menschen, es ihm nachzutun.

1 Entschlüssle die Begriffe und notiere die Lösungen in Spalte B.

2 Studiere die jeweiligen Begriffe mit Blick auf die Seiten 131-136 im Buch und fülle Spalte C aus.

3 Denke über die Einstellungen zu den einzelnen Themen in der heutigen Zeit sowie deine persönliche Sicht nach und fülle die Spalten D und E aus.

4 Tausche mit deiner Nachbarin / deinem Nachbarn das Arbeitsheft und erfinde zwei eigene Verschlüsselungen von wichtigen Begriffen/Themen aus dem Text über Franz von Assisi. Notiere diese unter den Nummern 9 und 10 in Spalte A.

5 Fülle in deinem eigenen Arbeitsheft zu den Verschlüsselungen deiner Nachbarin / deines Nachbarn die Spalten B-E aus.

6 Was fällt dir auf, wenn du jeweils die Einträge der Spalten C und E bzw. D und E vergleichst. Notiere deine Beobachtungen unter der Tabelle.

	A	B	
	Verschlüsselung	**Begriff**	
1	UTMAR	Armut	
2	SUSEJ		
3	RHIECK		
4	ESBITZ		
5	OTD		
6	ZUGRÜKZEE		
7	ANRUT		
8	DEGL		
9			
10			

	D	E
	Einstellung zu diesem Thema von	
	heute („mainstream“)	dir

Wozu die Kirche gut ist

Berichterstattungen über die Katholische Kirche in Zeitungen und Fernsehsendungen fallen in aller Regel kritisch aus. Ausnahmen bilden hier lediglich weltgeschichtliche Ereignisse wie die Wahl des deutschen Kardinals Joseph Ratzinger zum neuen Papst (BILD-Zeitung: „Wir sind Papst!") oder beeindruckend inszenierte Großveranstaltungen wie den „Weltjugendtag 2005" in Köln.
Die Katholische Kirche wird heute oft zu Recht kritisiert – zugleich gibt es aber auch Positives über Kirche zu sagen (→ WdG S. 182-183). Sie kann den Alltag unseres Lebens bereichern (→ WdG S. 184-185), hat wichtige Aufgaben auch in unserer Gesellschaft (→ WdG S. 186-188) und ein klares Programm (→ WdG S. 189-197). Trotzdem steigt vor allem in Deutschland und Europa die Zahl derer, die sich nicht mehr für die Kirche interessieren oder sogar den Entschluss zum Austritt fassen.
Womit, wofür und wie könnte die weltweite Kirche aber neue Mitglieder werben?

1 Versetze dich in die Lage einer Werbeagentur, die von der Kirche den Auftrag erhalten hat, ein Werbeplakat für die weltweite Kirche zu entwerfen.
Überlege dir, womit, wofür und wie geworben werden könnte und gestalte ein Werbeplakat in der Größe DIN A3 (Hochformat). Vielleicht findest du auch einen Slogan, der die Werbebotschaft auf den Punkt bringt.
Neben dem Kapitel „Wozu die Kirche gut ist" (→ WdG S. 182-197) können dir auch andere Seiten aus dem Religionsbuch bzw. diesem Arbeitsheft helfen:

- Bibel: Das Evangelium – Ein Programm fürs Leben (→ WdG S. 54-63)
- Jesus: Jesus – Brücke zwischen Gott und den Menschen (→ WdG S. 78-93)
- Geschichte: Mehr als ein halbes Jahrtausend (→ WdG S. 116-143)

2 Hängt die Plakate im Klassenraum auf und sprecht über eure Ideen und Fragen.

3 Habt ihr Lust gemeinsam ein Klassenplakat zu entwerfen und dieses in der Schule aufzuhängen oder an die Katholische Kirche in Deutschland zu senden?

Sekretariat der Deutschen
Bischofskonferenz
Kaiserstraße 161
53113 Bonn

Wussten Sie schon dass...

Suchst du noch oder glaubst du schon?

Mit meinem Gott überspringe ich Mauern

Geiz macht einsam und ist nicht geil

HEUTE SCHON GEGLAUBT?

WOZU IST DIE KIRCHE GUT?

... und was machen Sie am Sonntag?

Der niederländische Maler **Pieter Bruegel** (1525–1569) hat ein Bild mit dem Titel **„Die sieben Werke der Barmherzigkeit und die personifizierte Nächstenliebe"** gezeichnet (→ WdG S. 189), in dem es viel zu entdecken gibt.
Das deutsche Wort **Barmherzigkeit** ist eine Übersetzung des lateinischen *misericordia*, das wörtlich bedeutet „ein Herz für die Armen" zu haben. Darin wird deutlich, dass Barmherzigkeit nie ein bloßes Gefühl ist, sondern zum Tun drängt. Wer barmherzig ist, also „ein Herz für die Armen" hat, der setzt sich auch für sie ein und trägt dazu bei, ihre Not zu verringern.
Die **christliche Tradition** kennt sieben leibliche und sieben geistige **Werke der Barmherzigkeit** (→ WdG S. 189 links oben). Dieser Katalog hat sich im Mittelalter herausgebildet.

1 Betrachte die einzelnen Szenen des Bildes von Pieter Bruegel genauer. Weise ihnen jeweils ein leibliches bzw. geistiges Werk der Barmherzigkeit zu (L1-L7 für die sieben leiblichen und G1-G7 für die sieben geistigen Werke der Barmherzigkeit; → WdG S. 189 links oben). Ein Beispiel ist bereits vorgegeben.

2 In der Mitte des Bildes findest du die verkörperte („personifizierte") Nächstenliebe (lat. „caritas"). Wie ist die Nächstenliebe dargestellt? Welche Symbole erkennst du? Kannst du die Symbole auch deuten?

3 Wie steht es heute um die Stellung der sieben leiblichen und sieben geistigen Werke der Barmherzigkeit? Welche Bedeutung hat dieser im Mittelalter zusammengestellte Katalog für dich?

(a) Welche der sieben leiblichen und sieben geistigen Werke der Barmherzigkeit sprechen dich besonders an? Begründe deine Auswahl.

(b) Welche dieser Werke der Barmherzigkeit übernimmst du regelmäßig?

(c) Kennst du Menschen in deiner Umgebung, die (andere) Werke der Barmherzigkeit vollbringen?

(d) Welche dieser Werke der Barmherzigkeit kannst und möchtest du vielleicht in Zukunft tun? Schreibe in dein Heft.

Eine der beeindruckendsten Persönlichkeiten der Christenheit im 20. Jahrhundert war Mutter Teresa aus Kalkutta. Die von ihr gegründete Gemeinschaft „Missionaries of Charity" (Gemeinschaft der Missionarinnen der Nächstenliebe) setzt ihr Lebenswerk fort.

1 Stelle wichtige Stationen des Lebens der Mutter Teresa dar. Vervollständige dazu die 10 Notizen, indem du die richtigen Lösungswörter/Zahlen einsetzt. Bringe danach die Sätze in die richtige Reihenfolge und schreibe sie als „Biografie" auf.

Biografie =
Lebenslauf, Lebensbeschreibung, Lebensgeschichte eines Menschen

Weitere Fotos von Teresa-Schwestern findest du im Buch (→ WdG S. 195 und 197).

- Mutter Teresa wurde am 26.8.1910 als Agnes Gonxha Bojaxhiu in Skopje (heutige Hauptstadt der Republik Mazedonien) ________ und katholisch ________.
- Dennoch dauerte es bis _____, dass sie die Erlaubnis erhielt, in den Slums von Kalkutta zu helfen.
- Sie spürte bereits als junges Mädchen den Wunsch, sich in der ________ zu engagieren.
- 1950 genehmigte der damalige ______ die Gründung der „Gemeinschaft der Missionarinnen der Nächstenliebe".
- 1979 wurde sie mit dem ________________ in Oslo ausgezeichnet.
- Wenige Monate später fühlte sie sich berufen, den ______ zu verlassen, um unter den Ärmsten der Armen zu leben und zu arbeiten.
- In Kalkutta wurde sie zur _______ ausgebildet und legte im Mai 1937 die Ordensgelübde ab.
- Am 5.9.1997 starb Mutter Teresa in ________ ; zu ihrem ________ kamen über eine Million Menschen.
- Im Alter von 18 Jahren schloss sie sich den „Schwestern der Jungfrau von Loreto" an und erhielt in ________ (Irland) ihre Ausbildung als Missionarin.
- 2003 unterhielt der Orden _____ Häuser der Nächstenliebe in 133 Ländern. Am 19.10.2003 erfolgte die ____________ von Mutter Teresa durch Papst Johannes Paul II.

Mutter Teresa – eine Biografie

(1) Mutter Teresa wurde am

____

____

____

(2) ______________________________

____

____

(3) ______________________________

____

(4) ______________________________

____

(5) ______________________________

____

(6) ______________________________

____

(7) ______________________________

____

(8) ______________________________

____

(9) ______________________________

____

(10) ______________________________

____

____

____

2 Schreibe einer Freundin / einem Freund eine **sms,** in der du von Mutter Teresa berichtest. Überlege, was du ihr / ihm mitteilen möchtest. Notiere den Text zunächst in deinem Heft. Vielleicht willst du die sms auch wirklich versenden.

3 In deinem **Religionsbuch** werden an vielen verschiedenen Stellen Menschen / Organisationen kurz erwähnt oder auch ausführlicher behandelt, die sich für Arme, Kranke und Benachteiligte einsetzen. Finde ein Beispiel und stelle die Person / Organisation mit eigenen Worten vor. Gib auch die „Fundstelle“ an.

____

____

____

____

____

____

____

____

____

____

____

(nachzulesen in „Wege des Glaubens“ Seite ___)

Der jüdische Kalender kennt **viele jährlich wiederkehrende Feiertage** (→ WdG S. 268-269). In einem Fest hat sich bis heute die Freude über die frohmachenden Gebote Gottes bewahrt. Einmal im Jahr feiern alle jüdischen Gemeinden auf der ganzen Welt das Fest der Gesetzesfreude, **„Simchat Thora"** (→ WdG S. 269) heißt es: das **Fest der Freude an der Thora**.
Thora das sind die **5 Bücher Mose** und insbesondere die darin enthaltenen Gebote Gottes.
Ein **Bericht aus einer Synagoge in Berlin** zeigt, wie sinnlich und fröhlich die Juden an diesem Tag die Beschäftigung mit dem Wort Gottes, seinen Weisungen feiern.

1 Lies zum besseren Verständnis (nochmals) folgende Seiten im Religionsbuch: WdG S. 260, 265-267.

2 An dem Fest „Simchat Thora" (d.h. „Freude an der Thora") tanzen Juden in Synagogen und auf den Straßen vor Freude mit den Thorarollen in den Armen. Versuche dir dies verständlich zu machen, indem du über den Sinn der Thora nachdenkst (→ WdG S. 260).

____

____

____

____

____

____

3 Vergleiche den im Bericht aus einer Synagoge in Berlin geschilderten Festgottesdienst zu „Simchat Thora" mit einem gewöhnlichenSynagogengottes dienst (→ WdG S. 266-267: Die Synagoge). Welche Besonderheiten fallen dir auf?

____

____

____

____

____

____

4 Überlege mit deiner Nachbarin / deinem Nachbarn, (a) wie ein christlicher Wortgottesdienst abläuft – Sammelt wichtige Stationen und notiert sie möglichst in der richtigen Reihenfolge.

1) Orgelvorspiel

2) Lied

3) Begrüßung

4)

5)

____

____

____

____

(b) welche Gemeinsamkeiten bzw. Unterschiede zwischen einem jüdischen Synagogengottesdienst (→ WdG S. 266-267) und einem christlichen Wortgottesdienst (→ Aufgabe 4a) bestehen.

Gemeinsamkeiten	Unterschiede

Die Abende in Berlin sind schon ziemlich kühl. Es tut gut, in einen warmen Raum eintreten zu können. Wir betreten den großen Betsaal der Synagoge in der Pestalozzi-Straße. Was für ein Gedränge, was für ein Aufregung! Viele Mädchen wie Jungen laufen durch die Reihen der Bänke, spielen Fangen um das Lesepult, das erhöht vorne an der Stirnseite des Raumes steht. Die Augen der Kinder strahlen dabei erwartungsvoll. In ihnen spiegeln sich die vielen Lichter, die Lichter der Menorot, der beiden 7-armigen Leuchter, die rechts und links von dem Lesepult stehen. Die Frauen, die oben auf der umlaufenden Empore sitzen, haben große Tüten in ihren Hände, gefüllt mit Süßigkeiten und Leckereien. Allmählich haben die meisten ihren Platz gefunden, zum Sitzen oder Stehen, und da ruft der Vorbeter: „Ruhe bitte, wir wollen anfangen".
Der Gottesdienst beginnt und nimmt den gewohnten Verlauf. Wir hören das wichtigste Gebet des Judentums, das „Höre Israel" und andere Texte und endlich nähert sich der Gottesdienst seinem Höhepunkt. Der Vorhang des Thora-Schreins, in dem die Rollen der 5 Bücher Mose aufbewahrt werden, wird beiseite gezogen, der Schrein geöffnet, und alle Schriftrollen entnommen. Da die Hebräische Bibel in der Synagoge traditionell nicht in Buchform gebunden ist, sondern jedes der biblischen Bücher auf mindestens einer Rolle geschrieben ist, sind es viele Schriftrollen, die da zum Vorschein kommen. Heute, am Tag der Thorafreude, bleibt keine der Rollen im Schrank. Der Rabbiner und der Vorbeter geben sie weiter an einige zum Tragen bestimmte Männer, die vorne schon warten. Der Zug setzt sich in Bewegung, langsam schaukelnd, durch die Synagoge. Vorbei an den Bankreihen, den ganzen Raum entlag bis zum Ausgang; von dort wieder zurück bis zum Lesetisch. Schaukelnd, wiegend und tanzend bewegen sich die Männer, schwer und sanft liegen die Schriftrollen, in ihren Armen. Silberhell klingen die Schellenglöckchen auf den Kronen, mit denen jede Rolle bekrönt ist. Jeder der Gottesdienstbesucher versucht, mit dem Gebetbuch eine der Rollen zu berühren. Die Männer, die die Schriftrollen tragen, sind unendlich stolz und glücklich, halten sie doch das Kostbarste im Arm, das Israel gegeben wurde. Während sie so vorbeiziehen, begleitet die Gemeinde sie mit Gesang und Klatschen – der eine oder die andere beginnt auch zu tanzen. Vor und hinter dem Zug ziehen die Kinder her; Süßigkeiten werden ihnen zugesteckt oder von der Empore herabgeworfen. „Wie süß ist deine Rede meinem Gaumen, süßer als Honig meinem Munde", singt der Sänger des 119. Psalms. Und dem Propheten Ezechiel gibt Gott gar eine ganze Rolle zu essen, unm seinen Leib damit zu füllen.
Siebenmal wiederholt sich der Umzug mit den Schriftrollen, siebenmal sind es andere Träger. Häufig werden die Rollen sogar noch während des Umzuges an andere Männer weitergegeben, damit möglichst vielen diese große Ehre zuteil wird. Manchmal werden die Umzüge regelrecht versteigert. Stattliche Summen kommen da zusammen für die Ehre, die Thora tragen zu dürfen. Das gesammelte Geld kommt wohltätigen Zwecken zugute. Denn das steht fest: zur Freude am göttlichen Wort gehört unlösbar das gute Tun hinzu. Das eine ist nicht ohne das andere zu haben.
Der siebte Umzug ist beendet, alle Schriftrollen bis auf zwei werden wieder in den Schrein zurückgestellt. Nun liest ein Mann aus der einen Rolle die letzten Worte des 5. Buches Mose vor, das vom Tod und Begraben-Werden des Mose und von Israels Trauer darüber erzählt. Damit ist der Lesezyklus eines Jahres beendet, die Wochenabschnitte der Thora sind fertig gelesen. Der Lesezyklus wird aber sofort erneuert. Und deshalb beginnt ein zweiter Mann aus der anderen Rolle zu lesen, die ersten Worte des 1. Buches Mose: „Im Anfang schuf Gott den Himmel und die Erde."

Jesus ist Jude und steht in der Tradition seines Volkes. Was heißt dies aber genauer?
Der jüdische Gelehrte Pinchas Lapide schreibt in seinem Buch „Wurde Gott Jude? Vom Menschsein Jesu" auf die Frage, wer Jesus ist:

Pinchas E. Lapide (1922 – 1997) – jüdischer Religionsphilosoph und Neutestamentler
Ruth Lapide (*1929) – jüdische Theologin und Historikerin
Das Hauptanliegen von Ruth und Pinchas Lapide besteht darin, bei Juden wie bei Christen gegenseitige Feindbilder und Vorurteile abzubauen und folgenschwere Fehldeutungen zu korrigieren. An die Stelle von Vorurteilen wollen sie ein fruchtbares Miteinander setzen. Ihre zahlreichen Veröffentlichungen zum **christlich-jüdischen Dialog** sind Wegweiser, heutige Probleme gemeinsam zu lösen. Schon bald nach der Shoa (Vernichtung der Juden durch die Nationalsozialisten) hatten sich Ruth und Pinchas Lapide um das Verhältnis der christlichen Kirchen zum Judentum bemüht. Sie wollen Juden und Christen zusammenführen, ohne den Juden zum Christen und den Christen zum Juden zu machen. Beide Religionen sollen sich **auf ihre Gemeinsamkeiten besinnen: das Alte Testament und den Glauben an den einen Gott.**

Rabbi
[aramäisch „mein Herr / mein Meister"; wörtlich „mein Großer". Ehrende Anrede für die religiösen Lehrer, die auch Jesus gegenüber gebraucht wird.].

Jesus war ein „wahrer Mensch", wie es die Evangelien und das Bekenntnis der Kirche bezeugen. Zum wahren Menschen aber gehören ein Stück Erde als Heimatboden, eine Muttersprache, eine bestimmte Tradition, eine eigene Gedankenwelt und die Volkszugehörigkeit.
In allen diesen unverzichtbaren Attributen seines Menschseins war Jesus von Nazaret ein Jude, der „zentrale Jude" und der echte Rabbi. Kein lauwarmer Randjude oder entwurzelter Auch-Jude war er, sondern Kernjude.
„Wahrer Mensch" heißt also im Falle Jesu nichts anderes als: wahrer Jude, wahrer Rabbi.
Alles, was ihm vom Stall in Betlehem bis zum Kreuz auf Golgota widerfuhr, ist nur aus seinem gläubigen Judesein zu erklären und zu verstehen. Alles, was er vollbrachte und unterließ, was er als Rabbi sagte, predigte und gebetet hat, gewinnt volle Bedeutung nur aus seinem jüdischen Mutterboden.

Schma-Israel
[Glaubensbekenntnis der Juden]

Kaddisch
[eines der wichtigsten Gebete im Judentum]

Sabbat
[wöchentlicher jüdischer Feiertag am Samstag]

Schawuoth
[Wochenfest]

Achtzehner-Gebet
[zentrales Gebet im jüdischen Leben und in der jüdischen Liturgie]

Teffilin
[Gebetsriemen]

Pessach
[Fest zur Erinnerung an den Auszug aus Ägypten]

Jom Kippur
[Versöhnungstag]

Was Jesu Judesein im praktischen Bereich des Alltags seiner Tätigkeit als Rabbi bedeutet, fasst der Jesuit und Neutestamentler **Wolfgang Feneberg** zusammen:
Jesus ist nicht in die Kirche gegangen, sondern in die Synagoge; er hat täglich nicht das Vaterunser und Ave Maria, sondern zweimal das Schma-Israel und dreimal das Achtzehner-Gebet und das Kaddisch verrichtet; er kannte kein Altes Testament, noch das Neue Testament, sondern nur den Tenach – die Hebräische Bibel seines Volkes; er hat keine christliche Ordenstracht getragen, sondern die Teffilin und den Gebetsschal; er ging nicht am Sonntag, sondern am Sabbat zum Gottesdienst; er hatte zu Hause kein Kreuz hängen und kein Mutter-Gottesbild, sondern Gebetsriemen, Sabbatlicht, Kelch und Tuch für das Sabbatbrot; er hat nicht Ostern, Pfingsten und Weihnachten, sondern Pessach, Schawuoth und den Jom Kippur gefeiert.

Allen gegenteiligen Gerüchten zum Trotz hat Rabbi Jesus in keinem seiner Worte und Taten die Thora übertreten, verletzt oder aufgehoben. Muss all dies zu einer Einengung Jesu führen, der „nur" ein Jude war, „lediglich" ein Rabbi, der seinen irdischen Wirkungsbereich auf das leibliche Volk der Juden begrenzt hat? Keineswegs!
Je tiefer die Bäume in ihrer Muttererde verwurzelt sind, so sagt ein rabbinisches Sprichwort, umso höher ragen ihre Zweige zu allen Seiten hin. Genauso ist es mit Jesu gelebtem Judentum, das ihn zu einer der Leitgestalten der Menschheit gemacht hat.

Nach Pinchas Lapide, Wurde Gott Jude?
Vom Menschsein Jesu, München 1987, 61-63

Thora
[die fünf Bücher Mose]

1 Fasse die wichtigsten Aussagen des Textes zusammen. Verwandle dazu den Text in eine Tabelle.

Pinchas Lapide: Wurde Gott Jude? Vom Menschsein Jesu
•
•
•
•
•
•
•
•
•
•
•

2 In deinem Religionsbuch (WdG) findest du viele Jesusdarstellungen. Liste einige auf (Buchseite; Titel) und beurteile sie, indem du die Aussagen von Wolfgang Feneberg ( ) bedenkst.

Buchseite	Titel	Beurteilung

- **zu WdG Seite 36-38**

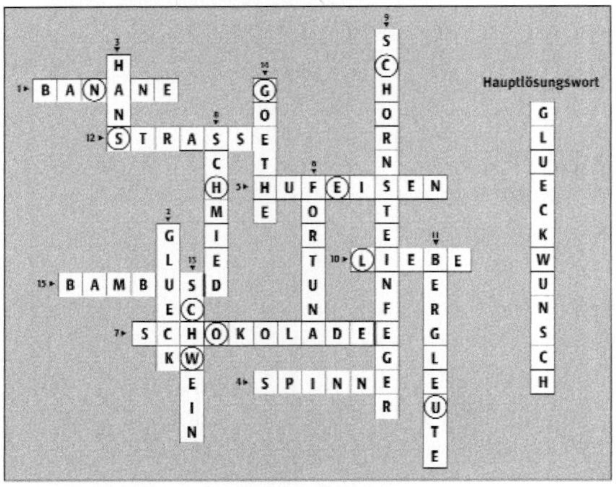

- **zu WdG Seite 54: Gute Nachricht**
  1c, 2c, 3b, 4c, 5d, 6d, 7a, 8b, 9c, 10b
- **zu WdG Seite 80: Angaben zur Person (I)**
  1c, 2a, 3c, 4b, 5b, 6a, 7b, 8a, 9c, 10b, 11c, 12b, 13c, 14a, 15c, 16b, 17c, 18a, 19c, 20a
- **zu WdG Seite 88-89: Grundzüge des Programms (Die Güte Gottes)**
  zu (1): Sein älterer Sohn war unterdessen auf dem Feld. Als er heimging und in die Nähe des Hauses kam, hörte er Musik und Tanz. Da rief er einen der Knechte und fragte, was das bedeuten solle. Der Knecht antwortete: Dein Bruder ist gekommen, und dein Vater hat das Mastkalb schlachten lassen, weil er ihn heil und gesund wiederbekommen hat. Da wurde er zornig und wollte nicht hineingehen. Sein Vater aber kam heraus und redete ihm gut zu. Doch er erwiderte dem Vater: So viele Jahre schon diene ich dir, und nie habe ich gegen deinen Willen gehandelt; mir aber hast du nie auch nur einen Ziegenbock geschenkt, damit ich mit meinen Freunden ein Fest feiern konnte. Kaum aber ist der hier gekommen, dein Sohn, der dein Vermögen mit Dirnen durchgeschlachtet. Der Vater antwortete ihm: Mein Kind, du bist immer bei mir, und alles, was mein ist, ist auch dein. Aber jetzt müssen wir uns doch freuen und ein Fest feiern; denn dein Bruder war tot und lebt wieder; er war verloren und ist wiedergefunden worden. *(aus dem Evangelium nach Lukas 15,25-32)*

  zu (4): a) Wie der Vater, so freut sich Gott über Menschen, die zu ihm zurückkehren.
  b) Wie der (jüngere) Sohn werden alle Menschen – egal wie sie sind – von Gott angenommen.
  c) Wie der (ältere) Sohn sollen Menschen lernen, ihre Nächsten mit Freude anzunehmen.

- **zu WdG Seite 194-197: Den Glauben weitergeben**
  Mutter Teresa wurde am 26.8.1910 als Agnes Gonxha Bojaxhiu in Skopje (heutige Hauptstadt der Republik Mazedonien) geboren und katholisch getauft. Sie spürte bereits als junges Mädchen den Wunsch, sich in der Mission zu engagieren. Im Alter von 18 Jahren schloss sie sich den „Schwestern der Jungfrau von Loreto“ an und erhielt in Dublin (Irland) ihre Ausbildung als Missionarin. In Kalkutta wurde sie zur Lehrerin ausgebildet und legte im Mai 1937 die Ordensgelübde ab. Wenige Monate später fühlte sie sich berufen, den Orden zu verlassen, um unter den Ärmsten der Armen zu leben und zu arbeiten. Dennoch dauerte es bis 1948, dass sie die Erlaubnis erhielt, in den Slums von Kalkutta zu helfen. 1950 genehmigte der damalige Papst die Gründung der „Gemeinschaft der Missionarinnen der Nächstenliebe“. 1979 wurde sie mit dem Friedensnobelpreis in Oslo ausgezeichnet. Am 5.9.1997 starb Mutter Teresa in Kalkutta; zu ihrem Begräbnis kamen über eine Million Menschen. 2003 unterhielt der Orden 710 Häuser der Nächstenliebe in 133 Ländern. Am 19.10.2003 erfolgte die Seligsprechung von Mutter Teresa durch Papst Johannes Paul II.

Abbildungen/Texte:
2 Donald Johnson/The Stock Market, Düsseldorf
3 © kipka komiks
31 Nach Kees de Kort. Herkunft unbekannt.
42 Fotos: Karl-Heinz Melters
46-47 Nach Pinchas Lapide, Wurde Gott Jude?
Vom Menschsein Jesu, Kösel Verlag, München 1987, 61-63.
Weitere Fotos: Peter Krolow/Patmos Archiv

Auflage 4 3 2 1 / 11 10 09 08
ISBN 978-3-491-75736-3
www.patmos.de